BEI GRIN MACHT SICH IHR WISSEN BEZAHLT

- Wir veröffentlichen Ihre Hausarbeit,
  Bachelor- und Masterarbeit

- Ihr eigenes eBook und Buch -
  weltweit in allen wichtigen Shops

- Verdienen Sie an jedem Verkauf

Jetzt bei www.GRIN.com hochladen und kostenlos publizieren

Forensisch-psychologische Glaubwürdigkeitsbegutachtung, SORKC-Modell und Evaluation durch L-Daten, T-Daten und Q-Daten

Psychologische Diagnostik erklärt an praktischen Beispielen

Bibliografische Information der Deutschen Nationalbibliothek:

Die Deutsche Nationalbibliothek verzeichnet diese Publikation in der Deutschen Nationalbibliografie; detaillierte bibliografische Daten sind im Internet über http://dnb.d-nb.de abrufbar.

ISBN: 9783346513083
Dieses Buch ist auch als E-Book erhältlich.

© GRIN Publishing GmbH
Nymphenburger Straße 86
80636 München

Druck und Bindung: Books on Demand GmbH, Norderstedt Germany
Gedruckt auf säurefreiem Papier aus verantwortungsvollen Quellen

Das vorliegende Werk wurde sorgfältig erarbeitet. Dennoch übernehmen Autoren und Verlag für die Richtigkeit von Angaben, Hinweisen, Links und Ratschlägen sowie eventuelle Druckfehler keine Haftung.

Das Buch bei GRIN: https://www.grin.com/document/1134666

EINSENDEAUFGABE

Modul Psychologische Diagnostik

Alternative A

Studiengang: M.Sc. Psychologie

Modul: Psychologische Diagnostik

Abgabe am: 17.03.2021

Inhaltsverzeichnis

1 Die Glaubwürdigkeitsbegutachtung

Der Zweck der Begutachtung ist es, eine Frage aus psychologischer Sicht zu beantworten, die durch einen Auftraggebenden gestellt wird. Auftraggebende für Gutachten können zum Beispiel Gerichte verschiedener Rechtszweige, Staatsanwaltschaften oder auch Kliniken des Maßregelvollzugs sein. Die gestellte Rechtsfrage durch oben genannte Institutionen wird nie vom Gutachter oder der Gutachterin selbst beantwortet. Auch trifft dieser oder diese keine endgültige Entscheidung im jeweiligen Fall. Je nach Bereich, in dem das Gutachten erstellt werden soll, variiert der Aufwand. Dementsprechend ist in manchen Bereichen der methodische Umfang geringer, was eine Vereinfachung des Prozesses mit sich bringt (Dressing & Förster, 2021). Ein Bereich der Begutachtung ist die Glaubwürdigkeitsbegutachtung, bei der es dem Gericht nicht mehr möglich ist, auf der Grundlage der eigenen Sachkunde zu einem Urteil zu gelangen. Die Glaubwürdigkeitsbegutachtung wird in der Regel nicht sehr häufig durchgeführt, einzig in Fällen, in denen es keine Zeugen gibt und das Opfer selbst – neben dem Täter – die einzige anwesende Person bei der Begehung einer möglichen Straftat war. Am häufigsten ist dies der Fall, wenn sexueller Missbrauch oder Misshandlungen von Kindern und Jugendlichen im Raum stehen. Aber auch in anderen Fällen kann eine Glaubwürdigkeitsbegutachtung dazu dienen, um den Realitätsgehalt von Zeugenaussagen zu prüfen. Dies sind Fälle, in denen beispielsweise eine aktuelle oder dauerhafte Einschränkung der kognitiven Leistungsfähigkeit des Zeugen gegeben ist oder, wenn der Zeitraum zwischen der mutmaßlichen Tat und der Aussage sehr groß ist bzw. wenn es zu Widersprüchen zwischen den Aussagen verschiedener Zeugen gekommen ist (Westhoff & Kluck, 2014).

Die Glaubhaftigkeitsbeurteilung muss die Frage klären, ob die Aussage des zu Beurteilenden oder der zu Beurteilenden auf einem Ereignis beruht, das tatsächlich in dieser Art stattgefunden hat oder ob dieses auf eine andere Weise generiert wurde. Hinsichtlich der Kriterien, die der Beurteilung dienen, können jedoch keine logischen Merkmale herangezogen werden, um zu einem Ergebnis zu gelangen. Vielmehr besteht der Beurteilungsprozess aus dem Vergleich verschiedener Modelle, die berücksichtigt werden. Jedes dieser Modelle bietet eine alternative Erklärung, wobei in jedem konkreten Fall einzeln überprüft werden muss, ob die jeweilige Aussage auf einem tatsächlichen Tathergang beruht oder ob die Möglichkeit besteht, dass kein derartiges Erlebnis stattgefunden hat (Volbert, 2010).

Bei der Beurteilung der Glaubhaftigkeit werden im Allgemeinen zwei Gegenannahmen geprüft: zum einen die Lügenhypothese, die überprüft, ob es sich bei der getätigten

Aussage um eine absichtliche Falschdarstellung handelt, sowie zum anderen die Suggestionshypothese. Sie meint, dass es sich bei der getätigten Aussage um eine Behauptung handeln kann, die der Zeuge oder die Zeugin für subjektiv wahr hält und die auf einer vermeintlichen Erinnerung beruht. Jedoch gründet die Erinnerung in diesem Fall nicht auf Tatsachen, die sich in der Realität ereignet haben, weshalb sie als Pseudoerinnerung bezeichnet wird (Volbert & Steller, 2014).

Es gilt ebenso zu erwähnen, dass zwischen den Termini Glaubhaftigkeit und Glaubwürdigkeit zu unterscheiden ist. Die Glaubhaftigkeit meint, dass eine Aussage hinsichtlich dessen beurteilt werden soll, ob sie als wahr oder unwahr gelten kann (Steller, 2003). Die Glaubwürdigkeit prüft hingegen, ob eine Person generell dazu tendiert, bewusst nicht die Wahrheit zu sagen. Die Tendenz, von der Wahrheit abzuweichen, besteht in diesem Fall situationsüberdauernd (Kubinger, 2019).

Als Beispiel kann angeführt werden, dass es um die Glaubwürdigkeitsbeurteilung eines Mädchens geht, das aussagt, dass sie von einem Verwandten missbraucht wurde. Das Gericht hat dies angeordnet, da der Verwandte den Vorwurf abstreitet und es dementsprechend Aussage gegen Aussage steht. Es ist nun die Aufgabe des vom Gericht beauftragten Gutachters oder der Gutachterin, das Mädchen zu befragen sowie entsprechende Testungen durchzuführen, die es erlauben, über den Wahrheitsgehalt der Aussage zu urteilen.

Gerade bei Kindern ist es notwendig, zu beachten, dass ein gewisses Lebensalter mit der Aussagetüchtigkeit einhergeht. Zwar können relevante Fähigkeiten mittels standardisierter Tests erhoben werden, dennoch sind Erlebnisse und Darstellungen des Kindes, die nicht mit dem eigentlichen Sachverhalt in Verbindung stehen, jedoch im zeitlichen Zusammenhang berichtet werden, bedeutsam. Der Grund dafür ist, dass diese Darstellungen meist anhand Dritter überprüfbar sind, und zwar hinsichtlich der Frage, ob sie sich so zugetragen haben. Beispielsweise können sich Kinder unter vier Jahren zwar an zurückliegende Ereignisse erinnern, jedoch bestehen in diesem Alter noch große Schwierigkeiten beim selbstständigen Abruf dieser Informationen. Demensprechend ist es notwendig, gewisse Hinweisreize zu geben. Im Alter von vier bis fünf Jahren nimmt diese Fähigkeit zu und kurze Selbstberichte sind möglich. Ab einem Alter von sechs Jahren wird davon ausgegangen, dass sich die getätigten Angaben hinsichtlich der Logik der Darstellung denen von Erwachsenen annähern, wobei dies im Fall einer vorliegenden Entwicklungsverzögerung erneut revidiert werden muss. Abgesehen von diesen Fällen wird davon ausgegangen, dass in diesem Alter eine Aussagetüchtigkeit vorhanden ist (Volbert & Dahle, 2010).

Im Weiteren kann das konkrete Vorgehen wie folgt beschrieben werden: Zunächst gilt es, in einem Gespräch herauszufinden, ob das Mädchen eine mögliche Motivation aufweist, eine falsche Aussage zu tätigen. Denkbar wären beispielweise Motive wie Eifersucht, weil die Mutter einen neuen Lebensgefährten hat oder aber auch, dass eine dritte Person eine mögliche Schädigungsabsicht gegenüber dem Angeklagten aufweist und dem Mädchen nahegelegt hat, eine solche Aussage zu tätigen. Eine weitere Möglichkeit, die in Betracht gezogen werden kann, ist, dass das Mädchen Aufmerksamkeit sucht und sich zu solchen Aussagen hinreißen lässt. Dementsprechend gilt es, zunächst zu klären, wie die Aussage entstanden ist.

Um zu prüfen, ob möglicherweise eine dritte Person an der Aussage beteiligt ist, muss zudem geklärt werden, ob vor der eigentlichen Aussage bereits Hinweise auf einen potenziellen Missbrauch vorlagen. Ebenso gilt es, zu überprüfen, wie über den möglichen Vorfall berichtet wird, das heißt, ob dieser direkt oder erst bei der Verwendung von Suggestivfragen kommuniziert wurde (Vollbert & Steller, 2014). Da sich im genannten Beispiel gezeigt hat, dass im Zuge der Exploration weder Fremd- noch autosuggestive Einflüsse feststellbar waren, folgen weitere Untersuchungen.

Um in diesem Fall weitere Anhaltspunkte zu finden, die es ermöglichen eine Beurteilung bezüglich des Wahrheitsgehalts der getätigten Aussage zu machen, ist es notwendig, personenbezogene Individualdaten zu erheben. Sie sollen Aufschluss darüber geben, ob das Mädchen anhand seiner kognitiven Fähigkeiten in der Lage ist, eine mögliche Falschaussage zu tätigen. Ebenso gilt es, zu erfragen, inwieweit ein Wissen um sexuelle Handlungen vorliegt, um aus diesen Komponenten eine Einschätzung dahingehend zu erhalten, ob das Mädchen eine potenzielle Erfindungs- bzw. Lügenkompetenz besitzt. Zudem ist es erforderlich, dass eine Persönlichkeitsdiagnostik erfolgt, bei der mögliche Aspekte wie Selbstwertprobleme, Geltungsbedürfnis oder Neurotizismus zu erheben sind. Auch diese Aspekte können als Faktoren für eine falsche Aussage in Betracht kommen (Vollbert & Steller, 2014).

Wurde anhand der erhobenen Daten festgestellt, dass eine Erfindungskompetenz grundsätzlich gegeben ist, folgt eine Analyse der Aussage anhand einer merkmalsorientierten Inhaltsanalyse. Dabei ist es wichtig, dass die Exploration selbst mit Ton und Video aufgezeichnet wird. Im Fokus steht dabei, möglichst jene Qualitätsmerkmale zu erheben, die es erlauben, die Qualität der Aussage angemessen zu überprüfen und zu bewerten. Beispielsweise ist es zu vermeiden, Fragen zu stellen, die lediglich bejaht oder verneint werden können bzw. müssen. Die hieraus gewonnen Antworten können nicht verwendet werden, um eine qualitative Bewertung der Aussage zu ermöglichen. Vielmehr sollte durch eine entsprechende Aufforderung an die zu befragende Person ein möglichst all-umfassender Bericht erhoben werden. Weitere Fragen sollten erst im Anschluss an die Exploration gestellt werden. Dabei gilt es, zu beachten, dass diese zunächst allgemeine Aspekte umfassen und im Verlauf spezifischer werden können. Werden unangemes-sene Strategien zur Exploration verwendet, führt dies dazu, dass die Überprüfung des Realitätsgehalts einer Aussage weniger valide sein wird. Die Anwendung von Sugges-tivtechniken ist bei Glaubhaftigkeitsbeurteilungen untersagt (Vollbert & Steller, 2014).

Für die merkmalsorientierte Qualitätsanalyse haben Steller und Köhnken (1989) ein Klassifikationsschema entwickelt, das es erlaubt, Aussagen anhand inhaltlicher Quali-tätsmerkmale zu beurteilen. Bewertet wird eine Aussage dabei anhand allgemeiner so-wie spezieller Merkmale, inhaltlicher Besonderheiten und motivationsbezogener sowie deliktspezifischer Inhalte.

Die chronologisch unstrukturierte Darstellung, die zu den speziellen Inhalten gehört, wird als aussagekräftiges Qualitätsmerkmal bezeichnet, das allerdings selten auftritt. Es wird davon ausgegangen, dass es bei einer Falschaussage nicht möglich ist, die zuvor kon-struierten zeitlichen Abläufe unstrukturiert darzustellen, da die Aussage zuvor geplant wurde. Um dieses Qualitätsmerkmal zu erfüllen, ist es zudem notwendig, dass eine Aus-sage als in sich stimmig erachtet wird, wie sich dies auch im Klassifikationsschema bei den allgemeinen Merkmalen der logischen Konsistenz finden lässt (Volbert & Dahle, 2010).

Alle weiteren Aspekte innerhalb des Schemas beziehen sich auf einzelne Passagen der Aussage. Dabei wird nochmals eine Unterscheidung zwischen nicht motivationalen und motivationalen Merkmalen getroffen. Bei einer Aussage, die komplex ist und darüber hinaus zahlreiche Details beinhaltet, wird darauf geschlossen, dass diese nicht frei er-funden ist; hier wird mit der kognitiven Überforderung argumentiert. Kognitive Ansätze gehen davon aus, dass Menschen, die eine nicht wahrheitsgemäße Aussage treffen, höheren kognitiven Anforderungen unterliegen als jene, die eine wahrheitsgemäße Aus-sage treffen. Daraus resultiert neben körperlich direkt beobachtbaren Merkmalen auch eine geringere Komplexität im Zuge der Schilderung einer falschen Aussage (Zucker-man, Koestner & Driver, 1981). Gerade Aussagen, die neben dem eigentlichen Hergang weitere augenscheinlich irrelevante Aspekte beinhalten, können den Ablauf plastisch er-scheinen lassen und liefern somit einen Hinweis darauf, dass die getätigte Aussage der Wahrheit entspricht. Bei der Befragung von Kindern ist ebenfalls zu beachten, dass diese in manchen Fällen noch nicht über ausreichend spezifisches Wissen in bestimmten Ge-bieten verfügen und Dinge dementsprechend auf der Basis ihres vorhandenen Wissens beschreiben. Es wird in diesem Sinne darauf hingewiesen, dass eine falsche Aussage, die beispielsweise ein Wissen um Dinge beinhaltet, über die das Kind eigentlich (noch) kein Wissen besitzen kann, den eigenen Verständnishorizont nicht überschreiten kann. Dies wird als weiteres, besonders prägnantes Qualitätsmerkmal beschrieben. Ebenso wird die Schemainkonsistenz als Merkmal erläutert, das besagt, dass bei einem typischen Ablauf keine Störungen einer Handlung oder unerwartete Elemente bedacht werden. Kommen derartige Details dennoch in Aussagen vor, kann dies ein Hinweis auf den Wahrheitsgehalt sein, da bei frei erfundenen Aussagen derartige Aspekte nicht miteinfließen. Auch würden solche Aspekte bei einer Falschaussage eine durchgängige Wiedergabe der Aussage erschweren und somit nicht getätigt werden (Volbert & Dahle, 2010).

Des Weiteren können Merkmale motivationaler Natur einer Prüfung unterzogen werden. Gemeint sind mit diesen Merkmalen Selbstbelastung und Entlastung von Beschuldigten. Gemäß Niehaus, Krause und Schmidke (2005) verfolgen Personen, die sich zu falschen Aussagen hinreißen lassen, folgende Ziele: Zunächst dient ihre Aussage dazu, die eigene Person als kompetent darzustellen sowie als moralisch makellos erscheinen zu lassen. Dies geschieht dadurch, dass beispielsweise versucht wird, Erinnerungslücken zu vermeiden oder gemachte Angaben spontan korrigiert werden; zudem werden auch Selbstbelastungen vermieden. Ein weiteres Merkmal einer motivierten Falschaussage kann sein, dass der Beschuldigte oder die Beschuldigte abgewertet wird. Das verfolgte Ziel ist, eine Unglaubwürdigkeit dieser Person herzustellen, um selbst als glaubwürdiger zu gelten. Realisiert wird dies beispielsweise durch das Vermeiden von Entlastungen. Auch die unauffällige Präsentation einer Aussage kann als Merkmal gelten, da in diesem Falle versucht wird, keine unnötige Angriffsfläche für Zweifel zu bieten.

Niehaus (2008) zufolge kann gerade dann von einer objektiven Darlegung des Sachverhalts ausgegangen werden, wenn eine vermeintlich eigene Mitschuld am Delikt kommuniziert wird oder Einwände gegen die eigene Glaubwürdigkeit ausgesprochen werden. Diese Faktoren können als Anzeichen dafür gewertet werden, dass derjenige oder diejenige, der oder die als Zeuge oder Zeugin begutachtet wurde, nicht darum bemüht ist, aktiv seine oder ihre Glaubwürdigkeit darzustellen. Vielmehr ist es sein oder ihr Interesse, den Sachverhalt so, wie er oder sie ihn wahrgenommen und erlebt hat, vorzubringen.

Zusätzlich zu der zuvor beschriebenen inhaltlichen Qualitätseinschätzung ist zudem die Konstanz mehrerer Aussagen der gleichen Person zum gleichen Sachverhalt zu unterschiedlichen Befragungszeitpunkten zu überprüfen. Es konnte diesbezüglich gezeigt werden, dass Widersprüche in wahren Aussagen signifikant seltener zu finden waren; ebenso zeigten wahre Aussagen mehr qualifizierte Ergänzungen. Auch nach einem Jahr zwischen der Aussage und einer weiteren Befragung zeigten sich noch signifikant mehr Übereinstimmungen als bei frei erfundenen Aussagen. Hinsichtlich der Vergessensprozesse kann demnach gesagt werden, dass diese in wahren Aussagen unregelmäßig verlaufen. Zu Bedenken ist gerade bei der Untersuchung und Befragung von Kindern, dass eine absichtliche Falschbezichtigung, die einer hohen Qualität an Täuschung entspricht, vor allem bis in die ersten Grundschuljahre eher nicht erwartet werden kann (Volbert & Dahle, 2010).

2   Das SORKC-Modell

Das SORKC-Modell (Kanfer & Saslow, 1974) ist ein Modell, das in der kognitiven Verhaltenstherapie verwendet wird und der Diagnostik, Erklärung und Veränderung von Verhalten allgemein sowie von Problemverhalten im Speziellen dient (Heuse, 2021). Ansätze, die ihre Diagnostik auf diesem Modell begründen, werden als Verhaltensanalyse bezeichnet (Narciss, 2011), wobei auch die Bezeichnung der horizontalen Verhaltensanalyse verwendet wird (Heuse, 2021). Das Akronym SORKC steht dabei für die Variablen Stimulus, Organismus, Reaktion, Konsequenzen und Kontingenz (Narciss, 2011).

2.1   Die Stimuluskomponente S

Die Stimuluskomponente wird als jene Komponente betrachtet, bei der der Stimulus der auslösende externe oder interne Reiz ist. Als Stimuli können dementsprechend sowohl Situationen als auch Gedanken betrachtet werden (Heuse, 2021); zudem gehen sie einem gezeigten Verhalten voraus. Bei der Analyse ist es notwendig, herauszufinden, welche dieser Stimuli dafür verantwortlich sein können, dass ein problematisches und/oder unerwünschtes Verhalten gezeigt wird. Diese Stimuli sind innerhalb des Modells von besonderem Interesse, da sie als ursächlich für ein bestimmtes Verhalten angenommen werden; zudem sind sie mit einer spezifischen Konsequenz verknüpft. Die meisten dieser Verknüpfungen entstehen durch Lernprozesse, die mit der Theorie des klassischen Konditionierens (Pavlov, 1927) beschrieben werden können oder auch durch Reizdiskriminationslernen zustande kommen (Hoffmann & Engelkamp, 2013). Als wesentliche Aufgabe bei der Analyse verschiedener Stimuli wird das Nachvollziehen dieser Konditionierungs- und Diskriminierungsabläufe beschrieben. In diesem Kontext wird davon ausgegangen, dass dies die bedeutenden Punkte sind, die benötigt werden, um eine Verhaltensveränderung aufzuzeigen (Narciss, 2011).

2.2 Die Organismuskomponente O

Die Organismuskomponente umfasst individuelle Prädispositionen sowie biologische Prozesse und Persönlichkeitseigenschaften, aber auch Erfahrungen und Überzeugungen (Heuse, 2021). Die Analyse dieser Variablen beinhaltet, dass alle biologisch-physiologischen und psychosozialen Komponenten erfasst werden, die als Einflussfaktoren für den Verhaltensspielraum der jeweiligen Person verantwortlich sein können. Dabei wird davon ausgegangen, dass diese Einflussfaktoren als relativ stabile Persönlichkeitseigenschaften angesehen werden können. Die psychosozialen Organismusvariablen müssen hier ebenso identifiziert werden. Dabei muss zunächst herausgefunden werden, welche verhaltensrelevanten, zeit- und situationsstabilen Persönlichkeitseigenschaften die jeweilige Person aufweist; gemeint sind hier Faktoren wie Intelligenz, Kontrollüberzeugungen und das Selbstkonzept. Ebenso ist es bedeutsam, zu klären, welche Sozialisationsbedingungen und familiären Gegebenheiten vorliegen, die sowohl mit dem Ausgangsverhalten als auch mit dem Zielverhalten funktional in Verbindung gebracht werden können (Narciss, 2011).

2.3 Die Verhaltenskomponente R

Die Verhaltensanalyse beginnt zunächst damit, dass das Verhalten, das unerwünscht oder problemhaft ist, identifiziert und möglichst treffend beschrieben wird. Zu diesem Zweck ist es notwendig, dass unterschiedliche Aspekte des Verhaltens in die Analyse aufgenommen werden. Zu diesen Aspekten zählen auf der einen Seite behaviorale Anteile, auf der anderen Seite aber ebenso kognitive, emotionale sowie physische Anteile, wobei im Zuge der Ermittlung verschiedene Methoden wie Beobachtung und Befragung genutzt werden können. Die Verhaltensanalyse gilt als Grundlage, um eine Verhaltensänderung hervorzurufen. Dabei wird nicht nur das problemhafte Verhalten ermittelt, sondern auch das Ziel, das durch eine Verhaltensänderung erreicht werden soll. Zu diesem Zweck ist es notwendig, das Verhalten, das als Ziel formuliert wird, möglichst detailliert zu beschreiben und dementsprechend zu operationalisieren (Narciss, 2011).

2.4 Die Kontingenzkomponente K

Mittels Kontingenzanalyse wird untersucht, wie konsequent und systematisch bestimmte Verhaltenskonsequenzen miteinander in Beziehung stehen sowie welche situativen Gründe es gibt, die mit dem gezeigten Verhalten zusammenhängen. Dabei gilt es, zwei Punkte zu betrachten: Zum einen muss der zeitliche Zusammenhang zwischen den ursächlichen Bedingungen des Entstehens und/oder der Konsequenz des Verhaltens ermittelt werden. In diesem Falle wird von Kontiguität gesprochen, die als hochausgeprägt beschrieben werden kann – sofern auf ein Verhalten eine unmittelbare Konsequenz erfolgt. Zum anderen gilt es, die Häufigkeit zu ermitteln, mit der das Zusammentreffen eines Verhaltens, die grundständigen Bedingungen und/oder die Konsequenz des Verhaltens auftritt. In diesem Falle wird von Kontingenz gesprochen, die dann als hoch bezeichnet werden kann, wenn das gezeigte Verhalten immer eine bestimmte Konsequenz zur Folge hat.

Haben beide – Kontiguität und Kontingenz – eine hohe Ausprägung, dann wird von einer kontinuierlichen Verstärkung gesprochen. Ebenso kann es der Fall sein, dass entweder eine geringe Kontinuität oder eine geringe Kontingenz vorliegt, dann wird von intermittierender Verstärkung gesprochen (Narciss, 2011).

2.5 Die Konsequenzkomponente C

Die Konsequenzen lassen sich als diejenigen Aspekte im Modell beschreiben, die wiederum auf das Verhalten zurückwirken. Hinsichtlich des operanten Konditionierens (Thorndike, 1932; Skinner, 1953) können sie als Aspekte beschrieben werden, die dem Aufbau, dem Abbau oder auch dem Erhalt eines gezeigten Verhaltens entsprechen (Heuse, 2021). Die durch das gezeigte Verhalten erlebten Konsequenzen können sowohl das Ausgangsverhalten als auch das Zielverhalten beeinflussen. In der Analyse der Konsequenzen geht es deshalb darum, jene Faktoren zu identifizieren, die den Aufbau, den Abbau oder den Erhalt eines gezeigten Verhaltens begünstigen. Diese Faktoren können als spezifische Reaktionen beschrieben werden, die eine Person in einer Situation zeigt (Narciss, 2011).

Für die Analyse der Verhaltenskonsequenzen ist es möglich, die Klassifizierung des operationalen Konditionierens nach Skinner zu nutzen. Demnach kann dann von einer Verstärkung eines Verhaltens gesprochen werden, wenn dieses eine befriedigende Konsequenz zur Folge hat. Ist die Folge des Verhaltens eine unbefriedigende Konsequenz, so wird dies als Strafe benannt. Folgt auf ein gezeigtes Verhalten keine Konsequenz, resultiert daraus, dass dieses Verhalten nicht mehr wiederholt wird; in diesem Fall wird von einer Löschung gesprochen. Das Erleben befriedigender oder unbefriedigender Konsequenzen kann auf unterschiedliche Arten entstehen. Befriedigende Konsequenzen können dementsprechend zum einen dadurch entstehen, dass einem gezeigten Verhalten eine positive Komponente beigefügt wird, was als positive Verstärkung bezeichnet wird. Zum anderen kann eine befriedigende Konsequenz dadurch erlebt werden, dass einem Verhalten eine negative Konsequenz entfernt wird, was als negative Verstärkung bezeichnet wird. Analog dazu kann ein Verhalten ebenso unbefriedigende Konsequenzen hervorbringen. Dies meint die direkte Bestrafung (Bestrafung Typ 1), bei der einem gezeigten Verhalten eine unangenehme Komponente folgt. Gleichermaßen liegt eine unbefriedigende Konsequenz vor, wenn infolge eines gezeigten Verhaltens eine positive Bedingung entfernt wird; diese Art der Konditionierung wird indirekte Bestrafung (Bestrafung Typ 2) genannt (Narciss, 2011).

2.6 Beispiel

Als Beispiel wird eine weibliche Person im Alter von 55 Jahren angeführt, die seit ihrem 22. Lebensjahr an einem Waschzwang leidet. Zunächst ist es notwendig, das problemhafte Verhalten zu identifizieren und möglichst genau zu beschreiben.

Nach Angabe von Frau F. wäscht sie sich täglich etwa 30- bis 40-mal die Hände, was nicht einzig zu Problemen mit der Haut führt. Hinsichtlich der Haut gibt sie an, dass sie häufig unter Ekzemen leide, zudem habe der Waschzwang auch dazu geführt, dass sie ihr Studium in früheren Jahren nicht habe beenden können. Überhaupt hindere der Zwang sie an Vielem. Sie lebt in einer Einrichtung für Suchterkrankte und gibt an, dass sich durch den Stress, den die Gedanken hinsichtlich des Zwangs auslösen, eine Alkoholsucht ausgeprägt habe. Ihren Angaben entsprechend nimmt die Zwangshandlung ab, wenn sie getrunken hat; dies nehme sie als Entlastung wahr. Als Auslöser für den Beginn der Zwänge nennt die Patientin das Reaktorunglück in Tschernobyl. Die Staubwolke mit kontaminiertem Material wurde damals in Richtung Deutschland geweht, wodurch unter anderem davor gewarnt wurde, Nahrung, die im eigenen Garten angebaut wurde, zu sich zu nehmen. Die Kontamination wurde als allgegenwärtig, also als überall vorhanden, jedoch unsichtbar wahrgenommen. Aus dieser unkontrollierbaren Situation entstand die Sorge vor einer Krebserkrankung und einem frühen, qualvollen Tod. Die Patientin gibt zudem an, dass ihre Mutter Suizid begangen habe, als sie selbst sieben Jahre alt gewesen sei. Sie habe die Mutter tot aufgefunden und musste sich um die weitere Versorgung kümmern.

Auf Ebene des Stimulus (S) kann die Situation beschrieben werden, dass Frau F. das Haus verlassen möchte, wozu sie die Türe öffnen und die Klinke berühren muss. Dies kann sie nicht, ohne dass sie diese mit einem Taschentuch oder ähnlichem anfasst.

Auf Ebene der Organismusvariablen (O) lassen sich Gedanken und Muster identifizieren, wie der Gedanke, dass die Türklinke mit radioaktiven Partikeln kontaminiert ist, die sich durch das benutzte Tuch nicht von ihrem Körper fernhalten lassen. Ausschließlich durch gründliches und langes Waschen der Hände wird die Wahrscheinlichkeit minimiert, dass Frau F. selbst einer vermeintlichen Kontamination unterliegt. Als überdauernde Merkmale der Persönlichkeit können Variablen wie Neurotizismus, einhergehend mit großer allgemeiner Ängstlichkeit, eine Rolle spielen. Zustände, die sich auf physiologischer Ebene identifizieren lassen, können eine hohe innere Erregung und Anspannung bei dem Gedanken an den Tod, der durch radioaktive Partikel ausgelöst werden kann, sein.

Bei der Analyse der Verhaltenskomponente (R) werden kognitive, emotionale, physiologische sowie motorische Komponenten herausgefiltert und dargelegt. Als kognitive Komponente infolge des Berührens der Tür kann hier der Gedanken entstehen, dass die Türklinke von radioaktiven Partikeln übersät ist, die trotz des Verwendens des Tuchs nicht ferngehalten werden können. Dies führt dazu, dass die Partikel die eigene Hautschicht durchdringen und im Inneren des Körpers dazu führen, dass sich ein Tumor bildet, der schließlich zum Tod führt. Die emotionale Reaktion lässt sich am ehesten mit Angst, Panik und Sorge beschreiben. Hinsichtlich physiologischer Reaktionen kann davon ausgegangen werden, dass die Pulsfrequenz steigt, Anspannung empfunden und ein erhöhter Muskeltonus im Rücken- und Nackenbereich auftreten wird. Die motorische Reaktion wird die Suche nach einer Möglichkeit sein, die Hände zu waschen bzw. ein Tuch zu suchen, das desinfizierende Eigenschaften aufweist.

Die individuellen Konsequenzen (K), die sich aus dem Verhalten ergeben, können wie folgt beschrieben werden: Das gezeigte Verhalten wird insofern durch das Waschen positiv verstärkt, als dass dadurch die Sorge um eine mögliche Kontamination und daraus resultierende Erkrankung vermindert wird. Eine unbefriedigende Konsequenz kann in diesem Fall dadurch entstehen, dass sich durch das viele Waschen der Hände ein Ekzem bildet, das Schmerzen verursacht (Bestrafung Typ 1). Durch das vermehrte Händewaschen besteht ebenso die Möglichkeit, sich von belastenden Gedanken abzulenken (dem gezeigten Verhalten wird eine negative Komponente entfernt), was wiederum als Befriedigung erlebt werden kann (negative Verstärkung). Als indirekte Bestrafung kann in diesem Kontext das Studium betrachtet werden, das nicht absolviert werden konnte.

In diesem Falle wurde dem gezeigten Verhalten eine positive Komponente – im Sinne eines universitären Abschlusses – entfernt, was in weiterer Folge dazu geführt hat, dass Frau F. schlechtere Möglichkeiten hatte, in der Gesellschaft Fuß zu fassen. Der Konsum von Alkohol kann wiederum als positive Verstärkung betrachtet werden, da Frau F. diesen als entlastend wahrnimmt, ebenso wie das Waschen der Hände. Eine weitere Konsequenz, die sich im Sinne einer direkten Bestrafung ergibt, ist, dass Frau F. an vielen alltäglichen Dingen gehindert wird. Aus Sorge vor einer möglichen Kontamination nicht alles bedenkenlos anfassen zu können, erschwert ihren gesamten Alltag.

Die Kontingenz (C) kann in diesem Fall als sehr hoch eingeschätzt werden, da bei Frau F. nach jeder Situation, die sie als gefährlich einstuft, der unmittelbare Drang folgt, sich die Hände zu waschen, um mögliche kurz- wie auch langfristige Folgen zu vermeiden und vermeintliche Sicherheit vor dem Versterben zu gewährleisten. Trotz des Bewusstseins darüber, dass das gezeigte Verhalten langfristig mit negativen Konsequenzen verbunden ist, wird es dennoch aufrechterhalten, da die kurzfristige Erleichterung durch das Waschen der Hände in den meisten Situationen dominiert.

3 Evaluation

Das Ziel einer Evaluation ist es, herauszufinden, welche Wirkung und Effekte ein bestimmtes Programm oder eine bestimmte Intervention hat. Wirkung und Effekte können sowohl erwünschte als auch unerwünschte Faktoren betreffen und die Evaluation kann sich auf geplante sowie auf bereits umgesetzte Maßnahmen beziehen. Eine Studie dieser Art kann in vielen Bereichen durchgeführt werden und wird meist durch Auftraggebende angefordert. Der Auftraggeber oder die Auftraggeberin erwartet eine unabhängige sowie unparteiische Einschätzung der Wirkung und Effekte hinsichtlich der geplanten bzw. der bereits durchgeführten Maßnahme. Dabei sollen die Ergebnisse als Grundlage weiterer Entscheidungen dienen, die beispielsweise dafür genutzt werden können, um Produkte zu verbessern, die Maßnahme selbst zu modifizieren oder – im schlimmsten Fall – um diese zu verwerfen (Döring & Bortz, 2016).

In den folgenden Abschnitten werden einige Darstellungen präsentiert, die sowohl hinsichtlich der Stichprobe als auch bezüglich der Datenerhebungsmethoden zu beachten sind.

3.1 Stichprobenplanung

Generell gilt, dass bei einer Evaluationsstudie, wie auch bei anderen Forschungsvorhaben, zuvor festgelegt werden muss, welche Personen oder Personengruppen untersucht werden sollen. Eine Evaluation kann sich auf verschiedene Bereiche bzw. Merkmale beziehen; gemeint sind beispielsweise Personen, Objekte oder auch Ereignisse, wobei im Zuge psychologischer Maßnahmen in der Regel Personen von Interesse sind. Innerhalb der Evaluation wird von einer Interventionspopulation gesprochen, die die Gesamtheit aller Personen meint, an die sich die Intervention richtet. Da die Maßnahme meist nicht die gesamte Population nutzt, wird der Anteil derer, die diese nutzen, als Interventionsstichprobe bezeichnet. Ein weiterer Parameter, den es zu beachten gilt, ist die Höhe der Ausschöpfungsquote der Intervention, die ein Qualitätsmerkmal beschreibt. Gemeint ist damit, dass die Höhe der unbefugten Teilnehmenden darüber entscheidet, wie die Ausschöpfungsquote ist. Als unbefugte Teilnehmende gelten all jene, die zwar an der Maßnahme teilnehmen oder teilnehmen müssen, diese jedoch nicht benötigen und dementsprechend keinen Nutzen aus ihr ziehen. In diesem Sinne kann Folgendes gesagt werden: Je geringer der Anteil unbefugter Nutzender ist, umso höher ist die Ausschöpfungsqualität. Erreicht wird eine hohe Ausschöpfungsqualität beispielsweise durch eine praktikable, trennscharfe Zielgruppendefinition und eine gut durchdachte Strategie zur zielgruppengerechten Umsetzung der Intervention. Die Evaluationsstichprobe resultiert in den meisten Fällen aus einer Auswahl von Teilnehmenden der jeweiligen Intervention, die dann die Evaluationsstichprobe darstellen. In diesem Sinne gilt es, zu beachten, dass die Ausschöpfungsqualität maßgeblich durch die Interventionsstichprobe sowie durch die Evaluationsstichprobe bestimmt wird. Eine schlechte Ausschöpfungsqualität beeinflusst die externe Validität in einer negativen Weise (Döring & Bortz, 2016).

3.2 Instrumente der Evaluationsstudie

Um die zuvor aufgestellten Hypothesen und Fragen zu testen bzw. zu beantworten, ist es notwendig, geeignete Instrumente auszuwählen, die diesem Zweck dienen. Dazu eignen sich sowohl qualitative als auch quantitative Datenerhebungsmethoden der Sozialwissenschaften. Zu nennen sind in diesem Kontext beispielsweise die Methode der Beobachtung, wozu auch die Auswertung von Verhaltensspuren als nonreaktives Verfahren gilt (Döring & Bortz, 2016). Nonreaktive Verfahren zeichnen sich dadurch aus, dass sie in der Art erhoben werden, sodass kein Eingriff in das natürliche Verhalten erfolgt. Dementsprechend können neben den bereits genannten Verhaltensspuren auch Dokumentenanalysen oder verdeckte Beobachtungen zu dieser Verfahrensart gezählt werden (Döring, 2021). Weitere Datenerhebungsverfahren sind die mündliche und schriftliche Befragung, die Testung sowie physiologischen Messungen. Für jedes der genannten Verfahren stehen unterschiedliche, auf das Verfahren angepasste Instrumente zur Verfügung wie Interviewleitfäden, Fragebögen, Beobachtungssysteme, Tests etc. Es ist vor allem hinsichtlich quantitativer Verfahren anzuraten, auf jene zurückzugreifen, die wissenschaftlichen Gütekriterien und Standards entsprechen. Eine Neukonstruktion von Instrumenten erlaubt zwar eine optimale Passung auf den zu evaluierenden Kontext, jedoch ist dies mit einem erheblichen Aufwand verbunden. Es ist dementsprechend ebenso denkbar, ein bereits vorhandenes Instrument kontextgerecht zu modifizieren.

3.3 Daten

T-Daten (test data) sind jene Daten, die mittels Testungen bestimmt werden können und als Leistungs- sowie Beobachtungskomponenten erhoben werden. Q-Daten (questionary data) sind Daten, die aus der Selbstbeurteilung einer Person resultieren. Erhoben werden diese mittels Fragebogen und/oder Ratingskalen. L-Daten (life record data) beschreiben Daten, die aus objektiven Vorgängen und Tatbeständen erhoben werden. Sie schließen Daten aus Alltagssituationen der zu testenden Person ein sowie jene Daten, die anhand von Fremdbeurteilungen erhoben werden (Cattel, 1957).

In den nachfolgenden Abschnitten wird ein Bespiel gewählt, das aus der Arbeits- und Organisationspsychologie stammt. Dies lässt sich damit begründen, dass es anhand des ausgewählten Beispiels möglich ist, viele der Datenquellen zu verwenden und die Daten entsprechend begründet zu erheben.

3.4 Beispiel

Ausgegangen wird von dem seltenen Szenario, dass ein Unternehmen mit etwa 2000 Mitarbeitenden, das Anfang der 1900er Jahre gegründet wurde, im weiteren Verlauf um das Jahr 1950 vom Gründer an dessen Sohn weitergegeben wurde. Der Sohn des Gründers hat dieses Unternehmen bis zu seinem Ableben etwa im Jahr 2015 noch überwiegend selbst geleitet. Zwar gab es Instanzen, die gewissen Bereiche geleitet haben, jedoch verlangte der Leiter, dass er jegliche Entscheidungen noch selbst treffen möchte. Als der Mann verstarb, war er Mitte 90 und sein Führungsstil sowie die Art, mit der er Entscheidungen getroffen hatte, glichen keiner modernen Betriebsführung. Um das Unternehmen weiterhin konkurrenzfähig zu erhalten, war es demnach notwendig, dieses umzustrukturieren. Um diese Umstrukturierung überprüfbar zu machen, müssen verschiedene Daten erhoben werden, die einen Rückschluss auf die Wirksamkeit der Maßnahmen, auf mögliche Verbesserungen sowie auf ggf. Erweiterung der Maßnahmen hinsichtlich weiterer, zuvor nicht erkannter Probleme erlauben. Dementsprechend werden im folgenden Abschnitt verschiedene Daten beschrieben, die es ermöglichen, einzelne Maßnahmen hinsichtlich ihrer Wirksamkeit bzw. weiterer Verbesserungen zu evaluieren.

3.4.1 Führungsstil

Innerhalb des Betriebs herrschte ein autoritärer Führungsstil; dieser sollte mit verschiedenen Maßnahmen wie Schulungen von Führungskräften verändert werden. Erwünscht war angesichts dessen eine höhere Arbeitszufriedenheit, einhergehend mit einer verbesserten Produktivität sowie weniger krankheitsbedingten Fehltagen. Um diesen Effekt zu überprüfen, können einerseits objektive Daten wie die Anzahl der Fehltage seit Beginn der Veränderungen erhoben werden. Es besteht andererseits jedoch ebenso die Möglichkeit, mittels Fragebögen zu erfassen, wie sich die Veränderungen auf einzelne psychologische Variablen der Mitarbeiter ausgewirkt haben. Erhoben würden in diesem Fall Q-Daten werden, da die vorgelegten Fragebögen subjektive Selbsteinschätzungen sind. Es macht Sinn, diese Daten neben objektiven Daten zu erheben, da innerhalb des Betriebes mehrere Maßnahmen durchgeführt werden, was dazu führen kann, dass weitere Faktoren für verminderte krankheitsbezogene Fehlzeiten verantwortlich sein können. Dementsprechend ist es bedeutsam, zu erfahren, ob sich der allgemeine Führungsstil ebenfalls verbessert hat und somit die gewünschten Ziele erreicht wurden. Anderenfalls können durch eine zusätzliche Optimierung weitere positive Effekte erfolgen.

3.4.2 Betriebsklima

Unter dem Mitarbeitenden herrschte ein eher rauer Umgangston, weshalb es ebenfalls ein Anliegen der neuen Geschäftsleitung war, dass sich dies ändert. Zu diesem Zweck wurden Führungspersonen sowie Mitarbeitende über einen gewissen Zeitraum geschult. Zur Evaluation dieser Maßnahme können L-Daten erhoben werden, da sich das Verhalten der einzelnen Mitarbeitenden vor allem anhand von Verhaltensbeurteilungen durch Dritte sinnvoll erfassen lässt. Eine Selbstbeurteilung könnte hier durch Effekte wie die soziale Erwünschtheit zu verzerrten Ergebnissen führen. Zu beobachtende Indikatoren können beispielsweise das Hilfeverhalten untereinander sowie der Umgangston sowohl zwischen Kollegen bzw. Kolleginnen als auch zwischen Vorgesetzten und Untergebenen sein.

Unter sozialer Erwünschtheit werden Verhaltensweisen verstanden, die dazu dienen, durch nicht wahrheitsgemäße Angaben einen besseren Eindruck zu hinterlassen. Dies tritt vor allem bei der Beantwortung von Persönlichkeitsfragebögen auf, jedoch ebenso bei anderen Verfahren, bei denen sich Personen selbst beurteilen sollen. Gekennzeichnet wird die soziale Erwünschtheit dadurch, dass eine Antwort gegeben wird, von der geglaubt wird, dass sie so gewünscht ist. Das Ziel dabei ist es, negativen Konsequenzen zu entgehen (Hossiep, 2021).

Eine Erhebung von Selbstbeurteilungsdaten würde sich im oben genannten Beispiel nicht anbieten, da davon ausgegangen werden muss, dass diejenigen Personen, die sich nicht kollegial verhalten, dieses Verhalten nicht zugeben würden und es dementsprechend nicht erhoben werden kann. Ausgehend von der Tatsache, dass mit Konsequenzen wie einem Kritikgespräch auf höherer Ebene zu rechnen wäre, wird bei einer Selbstbeurteilung vermutlich kein Fehlverhalten eingestanden. Dementsprechend eignen sich jene Daten zunächst nicht, wobei jedoch auch im Zuge der Fremdbeurteilung bedacht werden muss, dass die Situation, in der beobachtet wird, Einschränkungen unterliegt. Dies ist vor allem dahingehend der Fall, als dass Menschen, die wissen, dass sie beobachtet werden, ihr Verhalten ebenso in die gewünschte Richtung anpassen. Dennoch sollten die zu erhebenden L-Daten in Anbetracht der Tatsachen jene sein, die den Sachverhalt am objektivsten wiedergeben können.

3.4.3 Verbesserung der Fertigkeiten einzelner Mitarbeitenden

Es stellte sich im Verlauf der Modernisierung ebenso heraus, dass viele der Mitarbeitenden nicht ihr volles Leistungspotenzial ausschöpften. Dementsprechend wurde beraten, welche Maßnahmen ergriffen werden können, um diesen Zustand zu verbessern. Zunächst gelangten die Beratenden zu dem Entschluss, dass externe Dozenten eingeladen werden sollten, um die Mitarbeiter entsprechend zu schulen und ihnen weiteres fehlendes Wissen zu vermitteln. Eine Überprüfung der Maßnahme kann mittels T-Daten erfolgen, da es diese ermöglichen, Leistungskomponenten zu erheben. In diesem Sinne kann eine Leistungsabfrage über den Lernstoff, der durch den Dozenten vermittelt wurde, erfolgen. Da es sich bei der Erhebung des aktuellen Wissensstandes tendenziell eher um objektive Daten handelt und eine zu testende Person wenig Faking-Tendenzen aufweist, eignen sich diese für den Zweck besonders gut.

Unter ‚Faking' werden jene Tendenzen verstanden, bei denen Probanden ihre eigenen Testergebnisse in positive sowie negative Richtung selbstständig manipulieren. Von ‚faking good' oder dem Fälschen eines erwünschten Eindrucks wird in diesem

Zusammenhang gesprochen, wenn die Manipulation dazu dienen soll, einen möglichst positiven Eindruck zu erwecken, was häufig bei Persönlichkeitstests oder in Einstellungssituationen der Fall ist (Röhner & Schütz, 2021a). Da im oben genannten Beispiel jedoch nicht mehr Wissen angegeben werden kann, als derjenige oder diejenige zur Verfügung hat, ist es nicht möglich, Leistungsdaten absichtlich in diese Richtung zu verzerren. Von ‚faking bad' oder dem Fälschen eines unerwünschten Eindrucks wird dann gesprochen, wenn in Situationen, in denen ein Ziel wie eine Einstellung nicht erreicht werden soll, die Antworten durch den Probanden so dargestellt werden, dass daraus ein negativer Eindruck oder ein negatives Testergebnis resultiert (Röhner & Schütz, 2021b).

Da die Mitarbeitenden, die getestet werden, aller Wahrscheinlichkeit nach keinen negativen Eindruck hinterlassen wollen, wird davon ausgegangen, dass sie ihre Ergebnisse nicht in eine unerwünschte Richtung verzerren werden. Die T-Daten, die erhoben werden sollen, können somit als weitestgehend verzerrungsfrei (abgesehen von den allgemeinen Messfehlern) betrachtet werden. Aus diesem Grund eignet sich diese Vorgehensweise gut für die Evaluation der Maßnahme.

Literaturverzeichnis

Cattel, R. B. (1957). *Personality and motivation. Structure and measurement.* New York: World Book.

Döring, N. (2021). Datenerhebungsverfahren. In M. A. Wirtz (Hrsg.), *Dorsch – Lexikon der Psychologie.* Göttingen: Hogrefe. Verfügbar unter https://dorsch.hogrefe.com/stichwort/datenerhebungsverfahren

Döring, N. & Bortz, J. (2016). Evaluationsforschung. In N. Döring & N. Bortz (Hrsg.), *Forschungsmethoden und Evaluation in den Sozial- und Humanwissenschaften* (S. 977–1036). Berlin, Heidelberg: Springer.

Dressing, H. & Förster, K. (2021). Aufgaben und Stellung des psychiatrischen Sachverständigen. In H. Dressing & E. Habermeyer (Hrsg.), *Psychiatrische Begutachtung. Ein praktisches Handbuch für Ärtze und Juristen* (7. Aufl., S. 33–214). München: Elsevier.

Heuse, S. (2011). SORKC-Modell. In M. A. Wirtz (Hrsg.), *Dorsch – Lexikon der Psychologie.* Göttingen: Hogrefe. Verfügbar unter https://dorsch.hogrefe.com/stichwort/sorkc-modell

Hoffmann, J. & Engelkamp, J. (2013). *Lern- und Gedächtnispsychologie.* Berlin, Heidelberg: Springer.

Hossiep, R. (2021). Soziale Erwünschtheit. In M. A. Wirtz (Hrsg.), *Dorsch – Lexikon der Psychologie.* Göttingen: Hogrefe. Verfügbar unter https://dorsch.hogrefe.com/stichwort/soziale-erwuenschtheit

Kanfer, F. H. & Saslow, G. (1974). Erhaltenstheoretische Diagnostik. In D. Schulte (Hrsg.), *Diagnostik in der Verhaltenstherapie* (S. 24–59). München: Urban & Schwarzenberg.

Kubinger, K. D. (2019). *Psychologische Diagnostik. Theorie und Praxis psychologischen Diagnostizierens.* Göttingen: Hogrefe.

Narciss, S. (2011). Verhaltensanalyse und Verhaltensmodifikation auf der Basis lernpsychologischer Erkenntnisse. In H. U. Wittchen & J. Hoyer (Hrsg.), *Klinische Psychologie & Psychotherapie* (S. 419–434). Berlin, Heidelberg: Springer.

Niehaus, S. (2008). Merkmalsorientierte Inhaltsanalyse. In R. Volbert, & M. Steller (Hrsg.), *Handbuch der Rechtspsychologie* (S. 311–321). Göttingen: Hogrefe.

Niehaus, S., Krause, A. & Schmidke, J. (2005). Täuschungsstrategien bei der Schilderung von Straftaten. *Zeitschrift für Sozialpsychologie, 36* (4), 175–187.

Pavlov, I. P. (1927). *Conditioned reflexes.* London: Oxford UP.

Röhner, J. & Schütz, A. (2021a). Fälschung eines erwünschten Eindrucks. In M. A. Wirtz (Hrsg.), *Dorsch – Lexikon der Psychologie.* Göttingen: Hogrefe. Verfügbar unter https://dorsch.hogrefe.com/stichwort/faelschung-eines-erwuenschten-eindrucks

Röhner, J. & Schütz, A. (2021b). Fälschung eines unerwünschten Eindrucks. In M. A. Wirtz (Hrsg.), *Dorsch – Lexikon der Psychologie.* Göttingen: Hogrefe. Verfügbar unter https://dorsch.hogrefe.com/stichwort/faelschung-eines-unerwuenschteneindrucks

Skinner, B. F. (1953). *Science and human behavior.* New York: Macmillan.

Steller, M. (2003). Forensisch-psychologische Diagnostik. In K. D. Kubinger & R. S. Jäger (Hrsg.), *Schlüsselbegriffe der Psychologischen Diagnostik* (S. 157–164). Weinheim: Beltz.

Steller, M., & Köhnken, G. (1989). Criteria-based statement analysis. Credibility assessment of children's statements in sexual abuse cases. In D. C. Raskin (Ed.), *Psychological methods for investigation and evidence* (pp. 217–245). New York: Springer.

Thorndike, E. L. (1932). *The fundamentals of learning.* Columbia: Columbia University.

Volbert, R. (2010). Psychologische Begutachtung einer Kindesaussage bei Verdacht auf sexuellen Missbrauch – Martina, 12 Jahre. In K. D. Kubinger & T. M. Ortner (Hrsg.), *Psychologische Diagnostik in Fallbeispielen* (S. 181–191). Göttingen: Hogrefe.

Volbert, R. & Dahle, K. P. (2010). *Forensisch-psychologische Diagnostik im Strafverfahren.* Göttingen: Hogrefe.

Volbert, R. & Steller, M. (2014). Glaubhaftigkeit. In T. Bliesener, F. Lösel & G. Köhnken (Hrsg.), *Lehrbuch der Rechtspsychologie* (S. 391–407). Bern: Hans Huber.

Westhoff, K. & Kluck, M. L. (2014). *Psychologische Gutachten schreiben und beurteilen.* Berlin, Heidelberg: Springer.

Zuckerman, M., Koestner, R., & Driver, R. (1981). Beliefs about cues associated with deception. *Journal of Nonverbal Behavior, 6,* 105–114.

BEI GRIN MACHT SICH IHR WISSEN BEZAHLT

- Wir veröffentlichen Ihre Hausarbeit,
  Bachelor- und Masterarbeit

- Ihr eigenes eBook und Buch -
  weltweit in allen wichtigen Shops

- Verdienen Sie an jedem Verkauf

Jetzt bei www.GRIN.com hochladen und kostenlos publizieren